新装版

ゲームは
やっぱり定番が面白い！

中村健一 著

ジャンケン
もう一工夫
BEST55+α

子どもは
サインが だーいスキ！

先生、
ジャンケン！

ジャンケンに
勝って
サインを たくさん
もらったよ！

サイン集めジャンケン

黎明書房

はじめに

若い頃の私は，見たことも聞いたこともない独創的なゲームに惹かれたものです。
「学習ゲーム研究会」という勉強会に入り，いろいろな種類のゲームを学びました。
ゲームの本も，少なくとも 100 冊以上は読みましたね。
とにかく情報を集め，たくさんのゲームを手に入れました。
しかし，歳取った私は，違います。
やはり，ゲームは定番がおもしろい！　そう感じています。
ジャンケン，しりとり，ビンゴなどの定番ゲームは，非常に良くできているからです。

定番ゲームを教室ですると，盛り上がります。
単なるジャンケンに子どもたちは大喜びで取り組みます。
その理由は，やはり，良くできているからだとしか言いようがありません。

ただでさえ盛り上がる定番ゲームです。
さらに，もう一工夫を加えると，もっと盛り上がります。

今回は，そんな定番ゲームの王様・ジャンケンのもう一工夫を紹介します。
「日本一のお笑い教師」中村がオススメする厳選のジャンケンゲーム 55 です。

　最後になりましたが，本書の企画を快諾してくださった黎明書房の社長・武馬久仁裕氏に感謝します。また，本書の編集を担当してくださった水戸志保氏に感謝します。本当にありがとうございました。

本書を使って，いろいろなパターンのジャンケンを楽しんでください。
きっとクラスの子どもたちの楽しそうな最高の笑顔が見られるはず。
そして，子どもたちの嬉しそうな顔を見て，先生もきっと笑顔になるはずです。

子どもたちも，笑顔。先生も，笑顔。
本書で紹介したジャンケンで，日本全国の教室に笑顔があふれると嬉しいです。

私，中村健一は，がんばっている全国の先生方の味方です！
現場は厳しいですが，お互い何とか生き抜きましょうね。

「日本一のお笑い教師」　中 村 健 一

＊本書は，先に出版した『ゲームはやっぱり定番が面白い！　ジャンケンもう一工夫 BEST55 ＋α』の新装版です。

目　次

❶ 西部劇ジャンケン

 **ズバリ！ こんなジャンケン です！**
　　　　2人が背中合わせで立ちます。「1，2，3，」と言いながら進み，「バン！」に合わせて振り向いてジャンケンをします。負けた人は，「うお～！」と言って，倒れます。

用意するもの　なし

すすめ方

① 　2人組になり，背中合わせで立つ。
② 　2人で声を揃えて，「1，2，3」とゆっくり数えながら歩く。
③ 　「3」の後，「バン！」と言う。「バン！」に合わせて，振り向き，グー，チョキ，パーのどれかを出す。
④ 　じゃんけんに負けた子は，「うお～！ やられた～！」と言いながら倒れる。

 成功の ひけつ
　　・子どもたちは，倒れるの，大好きです。ルール説明の時，倒れる練習をしましょう。みんなでオーバーに倒れて，教室に笑いが起きます。

 おすすめ プラスα
　　・2人の勝負をクラス全員で同時にやると楽しいです。みんなで声を揃えて，「1，2，3，バン！」と言います。
　　・同じ相手と3回くり返して行い，どっちがたくさん勝てるか競うと盛り上がります。

❷ 餃子ジャンケン

ズバリ！ こんなジャンケン です！	3人組になります。3人でジャンケンして，グー（肉），チョキ（ニラ），パー（皮），全部揃えば見事に成功です。

用意するもの　なし

すすめ方

① 子どもたちは，自由に立ち歩いて，3人組を作る。

② 3人が声を揃えて，「餃（ギョウ）～子（ザ）ジャンケン，ジャンケン，ポン！」と言う。そして，「ポン！」に合わせて，グー，チョキ，パーのどれかを出す。

③ 3人が，グー（肉），チョキ（ニラ），パー（皮）を出せば，餃子が完成。声を揃えて「いただきま～す！」と言う。見事に1皿ゲット。

④ 足りない物があれば，3人が声を揃えて「○○が，な～い！」と言う。その時，「な～い！」に合わせて，イラストのように両手を挙げる。全員が同じ物を出したら，「○○しか，な～い！」と言いながら，両手を挙げる。

⑤ 2分間で，3人組を交代しながらする。たくさんの餃子を食べられた人が優勝。

成功の
ひけつ

- 同じ3人組ではできないルールにします。すると，子どもたちはいろんな子と餃子ジャンケンを楽しみます。
- ただし，3人組は，全員違わなくてもよいことにします。3人の内1人でも新しいメンバーが入れば，○Kです。

おすすめ プラスα

- 私のクラスでは子どもたちが考えたピザジャンケン（グーが具，チョキがチーズ，パーが生地）が流行りました。
- 子どもたちから別の食べ物のアイディアを募集するとよいですね。

❸ カレーライスジャンケン

ズバリ！ こんなジャンケン です！	あいこになった時，先に「水！」と言った人が勝ちです。「パー辛，パー辛，チョー辛」などと，テンポ良く言ってジャンケンをします。

用意するもの　なし

すすめ方

① 　2人組で向き合う。

② 　2人で声を揃えて，「カレーラーイス」と言う。最後の「ス」に合わせてジャンケンをする。

③ 　グーで勝ったら「グー辛」，チョキで勝ったら「チョー辛」，パーで勝ったら「パー辛」。勝った方が何で勝ったのか？　2回言う。

　　2回言ったら，3回目は次に出すジャンケンを「〜辛」と言いながら出す。

　　例「グー辛，グー辛，パー辛」

　　　「チョー辛，チョー辛，グー辛」

④ 　あいこになった時に，「水！」と早く言った方が勝ち。

成功の ひけつ

・リズムが楽しいゲームです。ジャンケンに勝った人はテンポ良く言いましょう。

・1分間で何杯水を飲めたか？（何回先に「水！」と言えたか？）を勝負すると盛り上がります。

おすすめ プラスα

・「お〜や〜つ」で始めるパターンもあります。この場合は，グーが「グミ」，チョキが「チョコ」，パーが「パフェ」です。「チョコ，チョコ，グミ」などと言います。あいこの時は，先に「3時！」と言った方が勝ちです。

・「ソフトボール」で始めるパターンもあります。グーが「ボール」，チョキが「バット」，パーが「グローブ」です。あいこの時，先に「ホームラン！」と言った方が勝ちです。

・これも，子どもたちから別のアイディアを募るとよいですね。

④ かめはめ波ジャンケン

かーめー
はーめー
波！

ひょお♡

かめ
はめ波
返し！

ズバリ！こんなジャンケンです！

普通のジャンケンに「かめはめ波」と「かめはめ波返し」のポーズを加えたジャンケンです。

用意するもの　なし

すすめ方

① 　２人組になる。２人で声を揃えて，「かめはめ波，かめはめ波，か〜めは〜め波！」とテンポ良くリズムに乗って言う。

③ 　最後の「波！」に合わせて，「グー」「チョキ」「パー」「かめはめ波」「かめはめ波返し」のどれかを出す。（ポーズは，イラストを参照）

③ 　「かめはめ波」は，「グー」「チョキ」「パー」どれにでも勝てる。ただし，「かめはめ波返しのポーズ」にだけ負ける。

④ 　「かめはめ波返しのポーズ」は，「かめはめ波」には勝てる。しかし，「グー」「チョキ」「パー」全てに負ける。

⑤ 　２分間で相手を変えて，かめはめ波ジャンケンをくり返す。一番たくさん勝った人が優勝。

成功のひけつ

・ポーズはオーバーが楽しいです。最初は教師がお手本を見せるとよいでしょう。みんなでポーズの練習をすると，それだけで教室に笑顔があふれます。

・強気な子は，「かめはめ波」を出したがります。相手が強気に来るかどうか？普通のジャンケン以上に駆け引きが楽しめます。

おすすめ プラスα

・教師 vs 子どもたち全員でやっても面白いです。全員起立して行い，負けた子から座っていきます。教師がオーバーにポーズを決めると，子どもたちは喜びます。

⑤ ババ抜きジャンケン

| ズバリ！こんなジャンケンです！ | あいこを出した2人組から「あがり」です。ただし，1人はババなので，絶対に「あがり」にはなれません。ババの子が最後まで残ります。 |

用意するもの　なし

すすめ方

① クラス全員が机に伏せる。教師は1人の子の肩を叩く。その子がババ。誰がババかは内緒。

② 子どもたちは目を開けて，立つ。自由に立ち歩いて，2人組を作ってしゃがむ。

③ 教師の「ババ抜きジャンケン，ジャンケン，ポン！」に合わせて，2人組でジャンケンする。同じのを出した（あいこ）の2人組は，「あがり」。教室の前に行く。

④ ババの子は，グー，チョキ，パーを出さない。相手を人差し指で指さす。指さされた子が，次はババ。

⑤ ②〜④をくり返す。最後2人が残った時点で，ババだった子が負け。

成功のひけつ

• 「あがり」で教室の前に出た子は，誰がババか？　予想します。そのため，他の子がジャンケンする様子を楽しみながら見ることができます。退屈しません。

• 明らかに「ババになったな！」というリアクションをする子がいて，面白いです。

おすすめプラスα

• ババ無しのシンプルルールも面白いです。2人組でジャンケンし，あいこになった子から「あがり」です。子どもたちは最後の1人になりたくないので，はりきってジャンケンします。

⑥

見ていた？ ジャンケンチェ〜ック！

教師が顔の前でグー，チョキ，パーのどれかを出します。教師の顔を見て話を聞いていた子は，ジャンケンに勝てます。見ていない子は，勝てません。

用意するもの　なし

すすめ方

① 教師の顔を見て話を聞いていない子がいた
時。教師は顔の前で，グー，チョキ，パーの
どれかを出す。

② 子どもたちを全員立たせる。

③ 教師は「今から先生とジャンケン勝負をし
ます。先生は今，顔の前に出していたのを出
すからね。先生の顔を見て話を聞いていた子
は勝てるよね」と言う。

④ 子どもたちは教師と一斉にジャンケンする。
教師の顔を見ていた子は，勝って座る。見て
いなかった子は，負けて立ったまま。

⑤ 教師は立っている子に対して，「先生の顔
を見て話を聞いていないから，ジャンケンに

勝てない。次は勝てるように顔を見て話を聞きなさい」と厳しく言う。

- お説教を楽しくできる方法です。
- くり返して行うのがオススメです。子どもたちはジャンケンに勝ちたくて，教師
の顔を見て話を聞くようになります。
- 教師の顔を見ていなくても，まぐれで勝つ子が出ます。その子がホッとした表情
で座るのが楽しいです。

おすすめ プラスα

- 黒板に図を書いて説明している時にも使えます。黒板をコンコンと叩きながら，
「見てる？」と言い，ジャンケンサインを出します。

7

聞いていた？ ジャンケン3本勝負チェ〜ック！

> **ズバリ！こんなジャンケンです！**

教師が「パー，パー，チョキ」と小さい声で言います。その後，教師VS子どもたちでジャンケン3本勝負です。教師の話をよく聞いていた子は，ジャンケンに勝てます。聞いていない子は，勝てません。

用意するもの　なし

すすめ方

① 教師の話を聞いていない子がいた時。教師は「グー，チョキ，チョキ」と小さい声で言う。

② 教師は「今から先生とジャンケン3本勝負をします。先生は今言った順番に出すからね。先生の話を聞いていた子は勝てるよね」と言う。

③ 子どもたち全員と教師で一斉にジャンケンを3回くり返す。

④ 3連勝した子を立たせる。そして，「君たちは先生の話をよく聞いていた子だ」と褒める。

⑤ 教師は座っている子に対して，「君たちは先生の話を聞いていないから，ジャンケンに勝てない。次は勝てるように話をしっかり聞きなさい」と厳しく言う。

成功のひけつ

・これも，くり返して行うのがオススメです。子どもたちはジャンケンに勝ちたくて，教師の話をしっかりと聞くようになります。

おすすめ プラスα

・慣れてきたら「今日は3連敗してごらん」「今日は1勝2敗にしてごらん」など変化をつけるのも楽しいです。ただし，変化をつけすぎると，誰が聞いていて？誰が聞いていなかったのか？　分からなくなるので，ご注意を。

⑧ 2人組ジャンケン

ズバリ！こんなジャンケンです！

2人組になり，ジャンケンで勝った人から帰れます。

用意するもの　なし

すすめ方

① 教師の合図で，誰でもよいから2人組になる。2人組になれなかった人は，次の回に残る。

② 教師の合図で，2人組でジャンケンする。

③ 勝った人は，相手に「バ〜イ！」と言って帰る。

④ 負けた人は，残る。あいこの2人組も残る。

⑤ 最後の1人になるまで，①〜④をくり返す。

成功のひけつ

・同じ相手とはできないルールを作るとよいでしょう。子どもたちは，いろんな人とジャンケンをします。

・勝った人は，負けた相手に対して，思いっきり威張って「バ〜イ！」と言わせましょう。その方が盛り上がります。

・最後の1人は教師に勝つまでジャンケンします。最後は教師に勝てるので，その子も気分よく帰れます。

おすすめ プラスα

・負けた人から帰れるのもオススメです。最後まで残った子は，ずっと勝ち続けたジャンケンチャンピオン。気持ちよく帰れます。

11

⑨ 多数決ジャンケン

| ズバリ！こんなジャンケンです！ | クラス全員でジャンケンします。グー，チョキ，パー，どれが一番多いかで勝負です。 |

用意するもの　なし

すすめ方

① 　クラス全員が立つ。

② 　声を揃えて，「多数決ジャンケン，ジャンケン，ポン！」と言う。最後の「ポン！」に合わせて，一人ひとりがグー，チョキ，パーのどれかを出す。

③ 　教師は，グー，チョキ，パーがそれぞれ何人か数える。

④ 　一番人数が多かったら，勝ち。立ったまま。それ以外を出した人は座る。

⑤ 　②〜④をくり返す。最後まで残った２人が優勝。

成功のひけつ

・人数を数える時，手の形はそのままにしておきます。「グーの人？」と聞いて手を挙げさせますが，手の形はグーのままです。

おすすめ プラスα

・逆に少数派が残っていくパターンも楽しめます。

⑩ 勝敗の関係ないジャンケン

> **ズバリ！こんなジャンケンです！**
>
> 　2人組でジャンケンします。しかし，ジャンケンの勝敗は関係ありません。勝ったチームと負けたチームで声の大きさ勝負をします。大きかったチームが真の勝者です。

用意するもの　なし

すすめ方

① クラス全員が2人組をつくる。そして，ジャンケンする。
② 教師は「勝った人？」と聞く。勝った子は，「はーい！」と手を挙げながら言う。
③ 次に「負けた人？」と聞く。負けた子は，「はーい！」と手を挙げながら言う。
④ 教師は「ただ今の声の大きさ勝負，ジャンケンに負けた人の勝ち！」と言う。
⑤ くり返し行うと，子どもたちはどんどん大きな声で返事をするようになる。

成功のひけつ
・声の大きさ勝負の後は，罰ゲームを入れるとよいですね。負けたチームの子に勝ったチームの子のよい所を3つ言わせる，肩をもませる，などするとよいでしょう。

おすすめ プラスα
・ジャンケンに勝った人と負けた人に分かれて，先に1列に並んで座った方が勝ちというルールでも楽しめます。

⑪ 同じがい〜よ！

> **ズバリ！**
> **こんなジャンケン**
> **です！**

　　　　　3人組になって，ジャンケンします。3人が同じのを出した数が多いチームが優勝です。

用意するもの　なし

すすめ方

① 　3人組になり，向かい合う。

② 　声を揃えて，「同じがい〜よ！」と言う。最後の「よ！」に合わせて，グー，チョキ，パーのどれかを出す。

③ 　3人が同じのをだせば，見事に成功。

④ 　30秒間で何回成功するか？　競う。一番多かった3人組が優勝。

成功の
ひけつ

・わずか30秒でできます。隙間時間を使って，どんどんやっていてください。

・なかなか成功しません。しかし，その分，成功した時には，「やった〜！」と歓声が上がります。

おすすめ　プラスα

・3人組ではなく，4人組，5人組と増やしても楽しいです。ハードルが上がる分，成功した時の喜びは格別！　「やったー！」の歓声がさらに大きくなります。

同じじゃ，いや～よ！

| ズバリ！こんなジャンケンです！ | 3人組になって，ジャンケンします。3人がバラバラなのを出した数が多いチームが優勝です。 |

用意するもの　なし

すすめ方

①　3人組になり，向かい合う。

②　声を揃えて，「同じじゃ，いや～よ！」と言う。最後の「よ！」に合わせて，グー，チョキ，パーのどれかを出す。

③　3人がバラバラなのを出せば，見事に成功。

④　30秒間で何回成功するか？　競う。一番多かった3人組が優勝。

・これも，わずか30秒でできます。隙間時間を使って，どんどんやっていてください。

おすすめ　プラスα

・3人組のメンバーをどんどん変えて，何回成功するかのルールでも盛り上がります。その場合は，30秒ではなく，2分の制限時間を設定しましょう。

13 後出しジャンケン

| ズバリ！こんなジャンケンです！ | 　教師が「ジャンケン，ポン」と出した後に，「ポン」と言って後出しするジャンケンです。同じのを出す，勝つのを出す，負けるのを出す，とレベルを上げていきます。 |

用意するもの　なし

すすめ方

①　教師が「ジャンケン，ポン」と言って，グー，チョキ，パーのどれかを出す。

②　それに続けて，子どもたちは「ポン」と言い，教師が出したのと同じのを出す。「ジャンケン，ポン，ポン」とテンポよく行うのがコツ。

③　テンポ良くくり返し行うと，間違う子が出る。教師が軽くツッコむと笑いが起きる。

④　次は，教師が出したのに勝つのを出すルールにする。
　　難易度が上がって，さらに間違う子が出る。

⑤　最後は，教師が出したのに負けるのを勝つルールにする。負けるのを出すのは，かなり難しい。間違える子がたくさん出て，教室は爆笑になる。

 成功のひけつ

・子どもたちに「ポン！」と必ず言わせましょう。言う方が，難しくて，失敗する子がたくさん出ます。そして，それが笑いにつながります。

おすすめ プラスα

・全員起立して行って，間違った子から座っていくルールも面白いです。最後まで残った子が優勝です。

激しい後出しジャンケン

**ズバリ！
こんなジャンケン
です！**

　　　後出しジャンケンの激しいバージョンです。「ジャンケン，ポン！」（教師）「ポン！」（子どもたち全員が声を揃えて），「ジャンケン，ポン！」「ポン！」，「ジャンケン，ポン！」「ポン！」と３回テンポ良く言った後が本番です。

用意するもの　　なし

すすめ方

① 　教師が全力で「ジャンケン，ポン！」と言う。それに続けて，子どもたちも全力で声を揃えて「ポン！」と言う。それをテンポ良く３回くり返す。

② 　４回目の「ジャンケン，ポン！」で教師は，グー，チョキ，パーのどれかを出す。

③ 　子どもたちは，それに続けて「ポン！」と言い，教師が出したのに負けるのを出す。

④ 　見事に負けるのを出した子は，成功。

**成功の
ひけつ**

・体育会系の激しいイメージです。イラストのように教師も子どもたちも，手をひざにつき腰を落として行うとよいでしょう。

・必ず「ポン！」と言わせましょう。言わないと難易度が下がり，間違えにくいので面白くありません。

おすすめ プラスα

・全員起立して行い，失敗した子から座っていってもよいでしょう。最後まで残った子が優勝です。

・「さようなら」の前にもオススメです。成功した子から帰れるルールにすると，どの子も一生懸命取り組みます。クラスは大盛り上がりです。

⑮ グー無しジャンケン

| ズバリ！こんなジャンケンです！ | 教師が「グー無しジャンケン，ジャンケン，ポン！」と言います。グーが無ければ，出せるのは，パーとチョキ。勝つチョキを出した子が正解です。 |

用意するもの　なし

すすめ方

① 教師が「グー無しジャンケン，ジャンケン，ポン！」と言う。

② グーが無いので，子どもたちは，チョキかパーを出す。

③ チョキとパーだと，勝つのは，チョキ。チョキを出した子が正解。

④ 「パー無しジャンケン，ジャンケン，ポン！」（パーが無いので，グーとチョキ。勝つグーが正解）「チョキ無しジャンケン」（チョキが無いので，パーとグー。勝つパーが正解）など，無い物を変えながら，くり返し行う。

成功のひけつ

・頭を使う，ちょっと知的なジャンケンです。

・勘のよい子は，無い物に負けるのを出せば正解だと気づきます。そのコツに気づいた子は，うれしそうに教師に言いに来ます。

おすすめ プラスα

・全員起立して行い，間違った子から座っていくルールがよいですね。最後まで立っていた子が優勝です。

16
テレパシージャンケン

同じのを出したら勝ちというジャンケンです。

用意するもの　なし

すすめ方

① 　2人組になる。そして，2人で声を揃えて，「テレパシージャンケン，ジャンケン，ポン！」と言う。

② 　「ポン！」に合わせて，グー，チョキ，パーのどれかを出す。

③ 　2人が同じなら，見事に成功。

④ 　相手を変えて，2分間，テレパシージャンケンをくり返す。

⑤ 　2分間でたくさん成功した人が優勝。

成功のひけつ

・どっちが勝ち？　というのではなく，2人が一緒なら両方勝ちというルールです。同じのを出した2人は運命を感じます。学級開きにオススメのジャンケンですね。

おすすめ プラスα

・同じのを出した子と，ハイタッチさせるのもよいですね。その場合は，「何人ハイタッチできるか勝負」と言うとよいでしょう。ハイタッチすることで，子ども同士をさらにつなげることができます。

・クラス全員を立たせて，先生とテレパシージャンケンをするのもオススメです。違った子から座っていきます。最後まで残る「先生と一番相性のよい人」を決めるのも楽しいです。

Ⅲ 大盛り上がり！ もっと楽しいゲームにしちゃうもう一工夫

⑰ 目指せ！大金持ち

ズバリ！こんなジャンケンです！	お札をかけて勝負するジャンケンです。相手をかえて，どんどんジャンケンをします。10枚たまったら大金持ちになって，「あがり」です。

用意するもの

• お札（いらない紙をお札の形に切ったもの）1人3枚＋100枚ぐらい

すすめ方

① 1人3枚，お札をもらう。
② 教室を自由に歩き回り，2人組をつくる。
③ 何枚かけるか相談して決める。
④ ジャンケンして勝ったら，決めた枚数だけ相手からもらえる。
⑤ 10枚たまったら，大金持ちになって，「あがり」。

ホッホッ
あがり
あと1枚か…
誰かー，ジャンケン…！

成功のひけつ

• 教室の前に大金持ちの席を7つぐらい用意するとよいでしょう。席が埋まれば，ゲーム終了です。
• お金が無くなってしまった人のために，銀行を作って，貸し出しをします。もちろん，銀行からの借金を返さないと，大金持ちにはなれません。
• 銀行役の子を作って，誰に何枚貸したか？ 管理させるとよいですね。子どもたちは喜んで銀行役を引き受けます。

おすすめ プラスα

• 3分程度の制限時間を設けて，時間内にたくさんのお札をゲットした人が勝ちというルールも盛り上がります。

18 カードジャンケン

ズバリ！
こんなジャンケン
です！

カードでするジャンケンです。勝てば, 相手のカードがもらえます。たくさんのカードを集めた人が優勝です。

用意するもの　ジャンケンカード（1人5枚）

すすめ方

① 子どもたちにカードを5枚ずつ配る。
② 子どもたちは, カード1枚にグー, チョキ, パーのどれかの絵をかく。5枚全部一緒でもよいし, バラバラでもよい。そこは, 作戦。
③ 自由に立ち歩いて, 2人組になる。そして, 「最初は, グー。ジャンケン, ポン！」と言う。「ポン！」に合わせて, カードを1枚出す。
④ カードを見て, ジャンケンに勝っていれば, 相手のカードをもらう。負けていれば, 相手にカードを渡す。引き分けは, そのまま。
⑤ 相手をかえて2分間カードジャンケンをくり返す。一番多くのカードをゲットした人が優勝。

私のカードは…「パー2, グー3」♪

ぼくは…

全部チョキで勝負だ

成功の
ひけつ

・グー, チョキ, パーの絵が分かりにくい子がいます。その時は, 言葉でグー, チョキ, パーと書き加えさせましょう。
・絵でなく, 最初から言葉で書かせても○Kです。準備の時間が短くて済みます。

おすすめ プラスα

・カードに絵をかかない方法もあります。普通にジャンケンして勝ったらカードがもらえます。たくさんのカードを集めた人が優勝です。

カードジャンケン ー班対抗戦ー

19

カードジャンケンの班対抗戦版です。たくさんのカードを集めた班が優勝です。

用意するもの　ジャンケンカード（各班12枚ずつ）

すすめ方

① 各班（4人）にカードを12枚ずつ配る。子どもたちは，カード1枚にグー，チョキ，パーのどれかの絵をかく。12枚全部一緒でもよいし，バラバラでもよい。そこは，作戦。

② 各班1人，司令塔を決める。司令塔は，カードを管理する役。ジャンケンには参加しない。

③ 司令塔は，班のメンバーに1枚ずつカードを渡す。班のメンバーは，そのカードを持って，他の班の子とジャンケン勝負をする。

④ 勝ったら，負けた人からカードがもらえる。あいこだったら，次の相手を見つけてジャンケンをする。勝っても負けても，司令塔の所に戻る。勝った人は司令塔にゲットしたカードを渡す。負けた人は，カードをもらう。

⑤ 制限時間の2分後，カードをたくさん集めていた班が優勝。

**成功の
ひけつ**

• 司令塔は，ジャンケンに参加できません。何が面白いの？　と思いますが，子どもたちは司令塔をしたがります。

おすすめ プラスα

• 司令塔を交代して，2回戦，3回戦……と行うとよいでしょう。

• その時は，1回戦ごとに，優勝が30点，2位が20点，3位が10点とします。その合計点で勝負すると盛り上がります。

⑳ 天空ジャンケン

ズバリ！
こんなジャンケン
です！

　　　　勝てば，高い所に昇ります。負ければ，低い所に降ります。一番高い所に昇った人が優勝です。

用意するもの　なし

すすめ方

① 　クラス全員が机の下に潜る。そして，先生と一斉にジャンケンをする。

② 　勝ったら，椅子に座る。2度勝ったら，椅子の上に立つ。3度勝ったら，机の上に座る。4度勝ったら，机の上に立つ。

③ 　ただし，負けたら1つ下に降りる。

④ 　一番最初に机の上に立った子が優勝。

ジャーン、ケーン…

成功の
ひけつ

・教師はジャンケンする時，「最初は，グー。ジャンケン，チョキ！」など，出した物を言います。椅子の下に潜っていて，教師の手が見えない子への配慮です。

・椅子や机の上に立たせる時には，上靴を脱がせましょう。

おすすめ プラスα

・ペアで勝負してもよいでしょう。先に机の上に立った方が勝ち，1分間勝負して高い所にいた方が勝ち，など。いろいろなルールで楽しめます。

🄬 サバイバルジャンケン

> **ズバリ！こんなジャンケンです！**
>
> クラスを２つに分けて行う勝ち抜きジャンケンです。ジャンケンに負けた子から，席に戻ります。先に全員席に戻ってしまったチームは負けです。

用意するもの　なし

すすめ方

① クラスを２つのチームに分ける。

② それぞれのチームがイラストのように並ぶ。

③ まずは，先頭の子が，教室の前でジャンケンをする。負けた子は，席に戻る。勝った子は，負けたチームの２番目の子とジャンケンする。

④ 負けた子は，席に戻る。勝った子は残って，次の子とジャンケンをする。これをくり返す。

⑤ 先に全員が席に戻ってしまったチームは負け。生き残ったチームが勝ち。

・全員がジャンケンする子に注目します。何人も勝ち抜いた子は，そのチームのスターです。

・男女対抗にすると盛り上がります。

おすすめ プラスα

・5人程度のグループ戦にしても面白いです。クラスみんなの前で勝負させます。その時は，他の子にはどちらのグループが勝つと思うか？　予想させるとよいですね。自分が予想したグループの子を応援して，大盛り上がりになります。

・勝ったら席に座れるルールも面白いです。負けたらいつまでもジャンケンします。先に全員席に座ったチームが勝ちです。

班対抗！勝ち抜きジャンケン

22

| ズバリ！こんなジャンケンです！ | 班のメンバーが一人ずつ順番に先生とジャンケンをします。勝った人から座っていき，全員が早く座れた班が優勝です。 |

用意するもの　なし

すすめ方

① 　班を作る。そして，班でジャンケンする順番を決める。

② 　クラス全員が立つ。まずは，１番目の子が先生と勝負。全ての班の１番目の子が，先生と一斉にジャンケンする。勝ったら，座る。あいこと負けは，立ったまま。

③ 　次は，２番目の子が先生と勝負。勝ったら，座る。

④ 　３番目の子，４番目の子，……と順番にジャンケンしていく。最後の子まで行ったら，立っている子が先生と順番にジャンケンする。

⑤ 　一番早く，全員が座った班が優勝。

はい次，ジャーンケン…

〈まだだれも座れていない班〉

がんばれ

〈あと一人でみんな座る班〉

成功のひけつ

・１番目の子が負けても，次は２番目の子がジャンケンします。同じ子が続けてジャンケンに負けて，文句を言われないようにする配慮です。

おすすめ プラスα

・負けた子が座っていき，最後まで残っていた班が優勝というルールも面白いです。

26

23
誰が勝つ？ ジャンケン予想ゲーム

ズバリ！
こんなジャンケン
です！

　　自分では，ジャンケンをしません。友達がジャンケンして，誰が勝つか？　予想します。

用意するもの　なし

すすめ方

① 　1班5人が前に出る。

② 　2～6班は，誰が一番勝つと思うか？　班で相談して予想を決める。

③ 　1班5人はクラスみんなの前でジャンケンする。勝った人だけ残っていき，最後まで残った子が一番勝ち。

④ 　一番勝った子の予想が当たった班は，10ポイントゲット。

⑤ 　2班，3班，……6班とジャンケンする班を交代して行う。一番たくさんポイントをゲットした班が優勝

成功の
ひけつ

• 班で予想した人を発表する時は，声を揃えて言わせましょう。班に一体感が生まれます。

• 子どもたちは，自分が予想した子を全力で応援します。そのため，教室は温かい雰囲気になります。

おすすめ プラスα

• 先生 vs 子どもたちで一斉にジャンケンをする時にも使えます。子どもたちは誰が一番最後まで残るか？　予想をしてからジャンケンします。ジャンケンで優勝した子もうれしいし，予想が当たった子もうれしいです。

24 門番ジャンケン

> **ズバリ！
> こんなジャンケン
> です！**

　　門番を２人続けて倒し，最後に先生を倒せば勝ちというジャンケンです。

用意するもの　なし

すすめ方

2列に並ぶ、帰る子どもたち

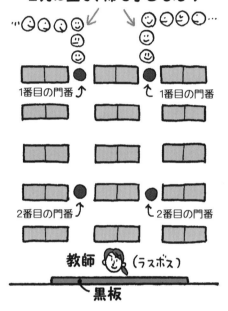

① 　図のように教室に４人の門番を配置する。

② 　他の子は，まずは門番と勝負する。１番目の門番に勝ったら，２番目の門番と勝負する。

③ 　２番目の門番にも勝ったら，教師と勝負。

④ 　教師にも勝ったら，見事に「あがり」。

⑤ 　ただし，２番目の門番に負けても，教師に負けても最初からやり直し。

1番目の門番↑　　↑1番目の門番

2番目の門番↑　　↑2番目の門番

教師（ラスボス）

黒板

**成功の
ひけつ**

・教師はラスボスとして君臨しているイメージにすると楽しいです。教室前の教壇の上に仁王立ちするとよいでしょう。

・教師は勝ったら，「ガオー！」と雄叫びを上げます。負ければ，オーバーにうずくまって「負けた〜，悔しい」と言います。泣く真似をしてもよいですね。教師のオーバーアクションに子どもたちは大喜びです。

おすすめ プラスα

・「さようなら」の前にするのがオススメです。２人の門番を倒し，教師も倒した子から帰れるというルールがよいでしょう。

25 ジャンケンビンゴ

ズバリ！こんなジャンケンです！　9マスに名前を書いた子とジャンケン勝負をします。勝てば，そのマスに○。負ければ×。縦，横，ななめ，どれでも○が3つ揃えばビンゴです。

用意するもの　9マスのビンゴ（ノートなどに手書きさせてOK）

すすめ方

① 子どもたちは，一人ひとりがノートなどに9マスの枠をかく。（イラスト参照）

② 1マスに1人ずつ友達の名前を書く。

③ マスに名前を書いた友達とジャンケンする。

④ 勝てば，そのマスに○をする。負ければ，×をする。

⑤ 縦，横，ななめ，どれでも3つ○が揃えば，見事にビンゴ。

成功のひけつ

・自分が名前を書いた子とは必ずジャンケンをするので，どの子も最低9回はジャンケンを楽しめます。

・ビンゴは9マスの真ん中が命です。真ん中には自分が絶対に勝てると思う子の名前を書かせます。「真ん中だよ」と宣言させてからジャンケンさせると，その勝負は特に盛り上がります。

おすすめ　プラスα

・ビンゴした数を勝負させても面白いです。9連勝した子は，8ビンゴ。発表すると，歓声が上がります。

26 陣取りジャンケン

| ズバリ！
こんなジャンケン
です！ | ○を5つかきます。2人でジャンケンして，勝った人の色に塗っていきます。たくさん自分の色に塗れた人が勝ちです。 |

用意するもの　紙，ノートなど，○をかくもの。（2人に1つ）　鉛筆，赤鉛筆（2人に1本ずつ）

すすめ方

① 　2人組になる。どっちが赤で，どっちが黒か決める。

② 　5つ○をかいて，イラストのように向かい合って座る。

③ 　ジャンケンをする。

④ 　勝った人は，自分の色で○を1つ塗る。

⑤ 　たくさん自分の色に塗れた人が勝ち。

成功のひけつ

・クラス全員で同時にするとよいでしょう。教師が「1回目いくよ。最初は，グー，ジャンケン，ポン！」と言って仕切ります。

・勝った子を立たせて，負けた子に拍手を贈らせるとよいですね。

・全部自分の色に塗った5連勝の子を発表すると，盛り上がります。

おすすめ　プラスα

・○の数を7つ，9つ，11……と増やしても面白いです。

27 鉛筆かけジャンケン

| ズバリ！
こんなジャンケン
です！ | ジャンケンに勝ったら，相手の鉛筆がもらえます。たくさんの鉛筆をゲットした人が優勝です。 |

用意するもの　鉛筆（1人5本）

すすめ方

① 机の上に鉛筆を5本用意する。

② 隣の人と，どんどんジャンケンをする。

③ 勝ったら，鉛筆が1本もらえる。負けたら，あげる。

④ 30秒後，たくさんの鉛筆を持っていた人が勝ち。

**成功の
ひけつ**

• 最後に，鉛筆を何本持っているか？　聞きます。クラス全体で一番多く鉛筆を持っている人が優勝。みんなで拍手を贈ります。

おすすめプラスα

• 鉛筆だけでなく，消しゴム，教科書など，相手の物がどんどん無制限にもらえるルールにしても盛り上がります。物には名前を書いておきましょう。
※もちろんあとで，相手に返します。

28 ジャンケン手叩き

左手を握り合って，右手でジャンケンします。勝った人は，相手の手をつかんで，叩こうとします。負けた人は叩かれないように逃げます。たくさん叩いた人が勝ちです。

用意するもの　なし

すすめ方

① 　2人組になる。左手同士を軽く握り合う。
② 　ジャンケンする。勝った人は左手を強く握ってつかみ，右手で叩こうとする。
③ 　負けた人は，相手につかまれる前に，左手を離して逃げる。
④ 　1分間，何度もジャンケンする。勝ったらつかんで叩く，負けたら逃げるをくり返す。
⑤ 　たくさん叩いた人が勝ち。

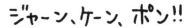
ジャーン、ケーン、ポン!!

〈負けたら、うまく逃げる〉

〈勝った子は たたこう（軽く）〉

成功の
ひけつ

・思いっきり叩くのではなく，軽く叩くように言いましょう。
・強気の子は，負けても叩こうとします。弱気の子は，勝っても逃げようとします。クラス全員の前で2人にやってもらって，そんな様子を見るのも楽しいです。

おすすめ プラスα

・自由に立ち歩き，相手を変えながら2分間でやっても面白いです。その場合は，どちらかが手を1回叩けば勝ち。何人に勝てるかを競います。

29 タオル取りジャンケン

ズバリ！こんなジャンケンです！

2人の間にタオルを置きます。ジャンケンして，勝ったらタオルを取ります。負けた人は取られないようにタオルを押さえます。たくさんタオルを取った人が勝ちです。

用意するもの　タオル（2人に1枚）

すすめ方

① 2人組になる。2人の間にタオルを1枚置く。（イラスト参照）
② ジャンケンする。勝った人はタオルを取ろうとする。
③ 負けた人は，相手に取られる前に，タオルを押さえようとする。
④ 1分間，何度もジャンケンする。勝ったらタオルを取る。負けたら押さえる。
⑤ たくさんタオルを取った人が勝ち。

成功のひけつ
・勝った子が完全にタオルを取る前に負けた子にタオルをつかまれたらダメです。

 おすすめ プラスα

・ハンカチ，ナプキンなどでも楽しめます。

30 質問ジャンケン

ズバリ！
こんなジャンケン
です！

ジャンケンで勝った人は，負けた人に１つだけ質問できます。

用意するもの　なし

すすめ方

① 子どもたちは自由に歩き回って，２人組になる。

② ２人組でジャンケンする。

③ 勝った人は，負けた人に１つだけ質問できる。「誕生日はいつですか？」「兄弟はいますか？」「好きな食べ物は何ですか？」など。

④ 負けた人は，その質問に答える。

⑤ 相手をかえて，②〜④をくり返す。

成功のひけつ

・出会いの４月に最適です。お互いのことを知るきっかけになります。

・男子→女子→男子……の順に行うルールを加えてもよいでしょう。

・嫌な質問はしないように強く言っておくことが大切です。また，嫌な質問には答えなくてよいルールも決めておきます。

おすすめ プラスα

・たくさんの人に質問できた人が勝ち，というルールを加えてもよいでしょう。

・質問で知った意外な秘密を発表させても面白いです。一番意外だ！　と思った秘密に投票させ，１位を決めると盛り上がりますね。

31
グルグルジャンケン

ズバリ！
こんなジャンケン
です！

ジャンケンで負けた人は，グルグルと回らなければいけません。

用意するもの　なし

すすめ方

① 子どもたちは自由に歩き回って，２人組をつくる。

② ２人組でジャンケンをする。

③ 負けた人は，グルグル回る。勝った人がパーだったら，３回。チョキだったら，２回。グーだったら，１回。

④ 負けた人は，指先をピンと伸ばし，両手を上に挙げて「あぁぁぁああぁぁ」と言いながら回る。

⑤ 最終的に目が回った方が，負け。

**成功の
ひけつ**

・相手をたくさん回らせるためには，駆け引きが必要です。

・両手を上に挙げて「あぁぁぁああぁぁ」と言いながら回るのが子どもたちは大好きです。まずは，教師がオーバーにお手本を見せましょう。子どもたちは爆笑し，楽しそう！　と思わせることができます。

・本当に目が回って倒れてしまわないように，３０秒か１分，制限時間を設けましょう。

おすすめ プラスα

・負けた人が勝った人の回りを回るのも面白いです。

㉜ サイン集めジャンケン

| ズバリ！
こんなジャンケン
です！ | 勝った人は，負けた人からサインをもらえます。何人からサインがもらえるか勝負です。 |

用意するもの　紙（1人1枚。ノートでも可）

すすめ方

① 子どもたちは，紙を1枚持って，教室を歩き回る。

② 2人組になってジャンケンする。

③ 負けた人は，勝った人の紙にサインをする。

④ 2分間，相手を変えて，①～③をくり返す。

⑤ 一番たくさんサインをもらった人が優勝。

**成功の
ひけつ**

・サインをもらうと，何人に勝ったのか？　が目に見えて分かります。そのため，子どもたちは，はりきってサインを集めます。

・子どもたちはサインをするのも大好きです。負けても喜んでサインをします。

おすすめ プラスα

・勝った人が負けた人から，何か1つ物をもらえるルールも面白いです。いくつの物をゲットできたか？　で勝負します。

・その場合は，名前が書いてある物に限定しましょう。後で返す時に，誰の物か分からないと困ります。

たくさん勝った人がエライ！

33

> **ズバリ！
> こんなジャンケン
> です！**

相手をかえて，どんどんジャンケンします。１分間でたくさん勝った人が優勝です。

用意するもの　なし

すすめ方

① 子どもたちは，教室を自由に歩き回る。
② 相手を見つけて，ジャンケンする。
③ 勝った数を数えておく。
④ １分後，教師は勝った数を聞く。
⑤ 一番多く勝った子が優勝。

**成功の
ひけつ**

- ややこしくなるので，負けた数は数えさせません。勝った数のみで勝負です。
- 「異性に１勝でもしないと，ダメ」というルールを加えてもよいでしょう。子どもたちは，積極的に異性とジャンケンをします。

おすすめ *プラスα*

- たくさん負けた人がエライ！　というルールもよいですね。勝ちにこだわる子が多いクラスなら，負けることの大切さを教えるのに最適です。

34

たくさん連勝した人がエライ！

相手をかえて，どんどんジャンケンします。何連勝できるか？　一番たくさん連勝した人が優勝です。

用意するもの　なし

すすめ方

① 子どもたちは，教室を自由に歩き回る。

② 相手を見つけて，ジャンケンする。

③ 何連勝したか？　数えておく。

④ 1分後，教師は何連勝したか？　聞く。

⑤ 一番たくさん連勝した子が優勝。

成功の
ひけつ

・負けて連勝が途絶えても，さらなる新記録を目指してジャンケンを続けます。

おすすめ プラスα

・これも，何連敗したか？　連敗記録を競うのも楽しいです。

早く5勝した人がエライ！
35

**ズバリ！
こんなジャンケン
です！**

相手をかえて，どんどんジャンケンします。一番早く5勝した人が優勝です。

用意するもの　なし

すすめ方

① 子どもたちは，教室を自由に歩き回る。

② 相手を見つけて，ジャンケンする。

③ 勝った数を数えておき，5勝したら座る。

④ 教師は，誰が一番早く座るか見ておく。

⑤ 一番早く座った子を発表し，クラスみんなで拍
   手を贈る。

**成功の
ひけつ**

・5人が座ったら終了するとよいですね。5位から発表していくと，盛り上がります。

おすすめ プラスα

・時間がある時は，7勝，10勝と数を増やしましょう。数が増えると，より多く
  のいろんな子とジャンケンを楽しめます。

・早く5連勝した人が勝ちのルールも面白いです。

❻ ジャンケン3本勝負

**ズバリ！
こんなジャンケン
です！**

先に3勝した方が勝ちというジャンケンです。

用意するもの なし

すすめ方

① 2人組になって，ジャンケンをする。

② 1回勝ったら，ジャンケンをしない方の指を1本立てる。

③ くり返しジャンケンをして，先に3勝した方が勝ち。

- 1回ジャンケンをする度に考える時間を取るのがポイントです。「相手が次に何を出すと思うか？」深く考えることで，心理戦になります。
- 1発ですぐに負けることがないので，どの子も安心して取り組めます。
- 少なくとも3回はジャンケンできるので，長く楽しめます。

おすすめ プラスα

- 2勝同士になったら，続けて2回連続で勝たないと勝利できないルールにしても面白いです。テニスのデュースのイメージですね。

先生vsみんながジャンケン

37

ズバリ！
こんなジャンケン
です！

クラス全員が立ちます。クラス全員が先生と１対１で同時にジャンケンして，負けた人は座っていきます。最後まで立っていた子が優勝です。

用意するもの　なし

すすめ方

① クラス全員が立つ。

② 「最初は，グー。ジャンケン，ポン！」と全員で声を揃えて言う。

③ クラス全員が同時に先生と１対１でジャンケンをする。

② 負けた人，あいこの人は座っていく。勝った人だけ立ったまま。

③ くり返しジャンケンをして，最後まで残った人が優勝。

成功の
ひけつ

・座るのは負けた人だけ，あいこの人も立ったままにすると，多くの子が残れて盛り上がります。

おすすめ プラスα

・勝った人から座っていくルールも面白いです。クラスの最弱王が決定します。

41

38 3vs3ジャンケン

**ズバリ！
こんなジャンケン
です！**

３人組の一人ひとりが相手チームと１対１の勝負。勝った子が多い３人組の勝利です。

用意するもの　なし

すすめ方

① 　子どもたちは，３人組になる。教室を自由に歩き回り，対戦相手を決める。

② 　３人組同士で，向かい合う。目の前の相手とジャンケンで１対１の勝負。

③ 　６人が声を揃えて「最初は，グー。ジャンケン，ポン！」と言ってジャンケンする。

④ 　勝った人は手を挙げる。あいこ，負けた人は挙げない。たくさん手を挙げた３人組が勝ち。
　同じなら，引き分け。

⑤ 　２分間，相手をかえて，どんどんジャンケンする。たくさん勝った３人組が優勝。

**成功の
ひけつ**

・１対１でジャンケンしながらも，チーム戦です。チームで戦う楽しさを味わわせ，
子どもたちを仲良くすることができます。

 おすすめ　プラスα

・５人組でやっても面白いです。

・クラス全体を２チームに分けて行うのも盛り上がります。

 班代表ジャンケン

**ズバリ！
こんなジャンケン
です！**

　　まずは，班で予選。班でジャンケンして，一番勝った人が班代表
です。次は，班代表同士で，決勝戦です。ここからは，チーム戦。
班代表同士でジャンケンして，クラスのナンバー１班を決めます。

用意するもの　　なし

すすめ方

①　まずは，班で予選。班でジャンケンする。

②　一番勝った人が班代表。班代表は立つ。

②　次に，班代表同士で決勝戦。班代表同士でジャンケンする。

④　班代表同士のジャンケンで一番勝ったら，その班が優勝。

**成功の
ひけつ**

・決勝戦は，班対抗の勝負になります。そのため，どの子も自分の班代表を応援して，
大盛り上がりになります。

おすすめ プラスα

・朝に行うとよいでしょう。優勝班は，その日のラッキー班です。授業中の指名，
給食のおかわりなど，いろんなことを優先してもらえます。

40

ジャンケン, ホイ, ホイ, どっち隠す? こっち隠す

ズバリ！
こんなジャンケン
です！

両手でグー, チョキ, パーのどれかを出します。どちらかの手を引っ込め, 残った手でジャンケン勝負です。

用意するもの　なし

すすめ方

① 　2人組になり, 向かい合う。

② 　声を揃えて, 「ジャンケン, ホイ, ホイ」と言う。最初の「ホイ」に合わせて右手, 後の「ホイ」に合わせて左手でグー, チョキ, パーのどれかを出す。手はイラストのように交差させる。

③ 　続けて, 「どっち隠す?　こっち隠す」と言う。言い終わったら, どちらかの手を後ろに戻す。

④ 　残った手でジャンケンの勝敗が決まる。

成功の
ひけつ

・どちらの手を隠して勝負するか?　駆け引きが必要なジャンケンです。駆け引きを楽しませましょう。

おすすめ プラスα

・2人を教室の前に出して, 勝負させるのも面白いです。両方同じのを出す子がいます。その子にツッコむと, 教室に笑いが起こります。

 方言ジャンケン

> **ズバリ！
> こんなジャンケン
> です！**

「ちっけったっ！」（千葉）など，方言でするジャンケンです。

用意するもの　なし

すすめ方

① 教師は，「今日は『ジャンケン，ポン！』でなく『ちっけったっ！』と言ってジャンケンします。千葉などで行われているジャンケンの方言です」と説明する。

② 子どもたちは笑顔で「ちっけったっ！」と言ってジャンケンする。

③ 引き分けの時は，「あいらいしょ！」と言うことも教える。

④ 子どもたちは笑顔で方言ジャンケンを楽しむ。

**成功の
ひけつ**

・「ちーちっぽ！」（群馬），「リッシャ。リッシャッ，ター！」（岡山），「いんじゃんほい！」（関西）など，ネットで調べるといろんな方言が出て来ます。

おすすめ プラスα

・「ジャンケン，じゃがいも，ヨーロッパ！」など，方言でないパターンも楽しめます。これもネットで調べると，いろいろな方法が出て来ます。

🄬 全力ジャンケン

**ズバリ！
こんなジャンケン
です！**

とにかく全力の大声と全力のジェスチャーでジャンケンします。
勝った後，負けた後のリアクションも全力です。

用意するもの　なし

すすめ方

① 子どもたちは，向かい合って立つ。

② 大声で「全力ジャンケン，ジャンケン，ポン！」と言う。イラストのように大きく手を振り，体を大きく動かしながら言う。

③ 「ポン！」に合わせて，グー，チョキ，パーのどれかを出す。空を突き上げるように全力で手を挙げる。

④ 勝ったら，両手を挙げながら「ウオオ〜！」と全力で叫ぶ。

⑤ 負けたら，倒れて「うお〜ん！」と言い，床を叩きながら全力で悔しがる。

**成功の
ひけつ**
・とにかく全力がポイントです。とにかくオーバーにさせましょう。
・最初は教師がお手本を見せるとよいです。

おすすめ プラスα
・脱力ジャンケンも面白いです。力を抜いた感じでダラ〜としてします。

⓭ サイレントジャンケン

ズバリ！ こんなジャンケン です！	黙ってするジャンケンです。音を一切出さずに，身振り手振りだけでジャンケンします。

用意するもの　なし

すすめ方

① 教師は「今から黙ってジャンケンをします。一切音を出してはいけません」と厳しく言う。

② 教師は黙ったままジェスチャーだけで，「最初は，グー，ジャンケン，ポン！」の合図を送る。

③ 子どもたちも，黙ったまま「ポン！」のポーズに合わせて，グー，チョキ，パーのポーズをする。

④ 勝った子には，黙ったまま万歳させる。負けた子には，黙ったまま泣く真似をさせる。

成功のひけつ

・音を出してはいけない状況に，子どもたちは笑顔になります。

・「黙って」と言っても，口の動きで「最初は，グー。ジャンケン，ポン」は伝えましょう。

・ジャンケンのジェスチャーは，とにかく大きく，オーバーに。勝った時のジェスチャーも負けた時のジェスチャーもオーバーにさせるとよいでしょう。

おすすめ プラスα

・両手を挙げて，「勝ったあ，勝ったあ，勝ったあ，よ」とポーズで表現させるのも面白いです。もちろん，これも黙ってサイレントで行います。

❹❹ 全身ジャンケン

ズバリ！ こんなジャンケン です！　　グー，チョキ，パーを全身で表現するジャンケンです。

用意するもの　なし

すすめ方

① 　クラス全員で，グー，チョキ，パーのポーズを練習する。ポーズは，イラストの通り。

② 　子どもたちは，自由に立ち歩いて2人組をつくる。

③ 　2人組で向かい合って，「全身ジャンケン，ジャンケン，ポン！」と言う。そして，全身でジャンケンをする。

④ 　2分間でたくさん勝った人が優勝。

まずは練習。相手にわかるようにはっきりやろう！

グー　ちいさくしゃがむ　ぎゅっと！

チョキ　手をジグザグに

パー　全身を大きく開くように

成功の ひけつ

- 子どもたちは，チョキのポーズが大好きです。チョキの練習をするだけで教室に笑顔があふれます。
- 体育の準備体操にオススメです。

おすすめ プラスα

- 子どもたちから別のポーズを募っても楽しいです。考えたポーズをみんなの前で発表させ，ウケたものを採用します。

45 顔ジャンケン

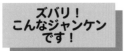
ズバリ！
こんなジャンケン
です！

顔で，グー，チョキ，パーを表現するジャンケンです。

用意するもの　なし

すすめ方

① 　クラス全員で，グー，チョキ，パーの顔の表情を練習する。顔の表情は，イラストの通り。

② 　子どもたちは，自由に立ち歩いて2人組をつくる。

③ 　2人組で向かい合って，「顔ジャンケン，ほい！」と言う。そして，顔でジャンケンをする。

④ 　2分間でたくさん勝った人が優勝。

成功の
ひけつ

・グーは，思いっきり顔を中央に寄せます。チョキは，思いっきり顔をねじります。
　パーは，思いっきり目や口を開きます。とにかく思いっきり，オーバーにが楽し
　いです。

おすすめ プラスα

・口だけでする口ジャンケン，首だけでする首ジャンケンなど，いろいろ考えられます。

46 足ジャンケン

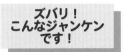

手ではなく，足を使ってするジャンケンです。

用意するもの　なし

すすめ方

① クラス全員で，グー，チョキ，パーの足の形を練習する。ポーズは，イラストの通り。

グー　足をぴったり閉じてね　ピタ

チョキ　前後に開く　これはヨコから見たところね

パー　できるだけ開く

② 子どもたちは，自由に立ち歩いて２人組をつくる。

③ ２人組で向かい合って，足の形でジャンケンをする。

④ ２分間でたくさん勝った人が優勝。

成功のひけつ

・体育の準備運動にオススメです。負けた人は，罰ゲームあり。相手に足を持ってもらって腕だけで５歩歩くなど体育系の罰ゲームがよいですね。

おすすめ プラスα

・体のいろいろな部分を使って，ジャンケンを考えてみてください。子どもたちと考えるのも楽しいですよ。

47 ウルトラジャンケン

| ズバリ！
こんなジャンケン
です！ | ウルトラマンのようなポーズでグー，チョキ，パーを出すジャン
ケンです。 |

用意するもの　なし

すすめ方

① クラス全員で，グー，チョキ，パー
のポーズを練習する。ポーズは，イラ
ストの通り。

② 子どもたちは，自由に立ち歩いて２
人組をつくる。

③ ２人組で向かい合って，ウルトラ
ジャンケンをする。

④ ２分間でたくさん勝った人が優勝。

グー

チョキ

パー

気分は
ウルトラ♥

**成功の
ひけつ**

・「最初は，グー。ジャンケン，ポン！」の代わりに「ビーム，シュワッチ！」と言
うと楽しいです。

・負けた子は「やられた〜！」と言って倒れるとよいですね。

おすすめ プラスα

・普通のジャンケンをした後にポーズをする遊びもあります。ジャンケンで勝った
人から交互に「ビーム，シュワッチ！」と言って，２人がポーズをします。自分
が言う番の時，相手が自分と同じポーズになれば勝ちです。

48 ジャンケンケイドロ

 帽子のかぶり方で，グー，チョキ，パーを表します。グーの子はチョキの子を捕まえることができます。チョキはパー，パーはグーを捕まえることができます。ジャンケンを利用したケイドロです。

用意するもの　なし

すすめ方

① クラスを2チームに分ける。帽子は，チームごとに赤と白にさせる。

② チームの中を3等分して，帽子のかぶり方を変えさせる。帽子のつばが「前向き」がパー。「後ろ向き」がグー。「横向き」がチョキ。（イラスト参照）

③ グランドの端と端に円をかいて，お互いの陣地にする。最初は自分の陣地の中に入る。教師の「スタート！」の合図でケイドロスタート。お互いに帽子を見て，自分がジャンケンで勝つ子を捕まえる。あいこの子，負ける子は捕まえることができない。

④ 捕まったら相手の陣地に入る。仲間がタッチして助けてくれたら，逃げられる。ただし，助けてもらった子は帽子を脱ぐ。そして，一度自分の陣地に戻って帽子をかぶるまではゲームに参加できない。

⑤ 5分か10分の制限時間を決める。終わった時に，捕まっている人数が少ないチームが勝ち。

成功のひけつ
・「捕まえた子を自分の陣地に連れて行く時には捕まらない」というルールを加えるのがオススメです。

おすすめ プラスα
・グー，チョキ，パーの人数をチームで決めさせるとよいですね。作戦が必要になり，チームで相談する姿が見られます。

㊾ 3人組ジャンケン

**ズバリ！
こんなジャンケン
です！**

3人組で指を表現するジャンケンです。

用意するもの　なし

すすめ方

①　クラス全員を3人組に分ける。

②　みんなで，グー，チョキ，パーの練習をする。それぞれの形は，イラストの通り。

③　子どもたちは3人組で，運動場を自由に歩き回って，対戦相手を決める。そして，3人組
　　ジャンケンをする。

④　相手を変えて，くり返し3人組ジャンケンをする。

⑤　2分間でたくさん勝った3人組が優勝。

**成功の
ひけつ**

・ジャンケンの前に3人で何を出すか？　しっかり相談させましょう。3人の息が
　合わないと，バラバラで何を出しているのか分かりません。

おすすめ プラスα

・48ページの「全身ジャンケン」のポーズを3人組全員でするのもオススメです。
　3人が揃って同じポーズをする様子は笑えます。

・学年でする時は，5人組も面白いです。5人で5本指を表現させます。

50 命令ジャンケン

ジャンケンに勝ったら，相手に１つだけ命令ができます。

用意するもの　なし

すすめ方

① 　２人組になって，ジャンケンする。
② 　勝った人は，負けた人に１つだけ命令する。
　　「○○にタッチして来い」「○○を回って帰って来い」「鉄棒に５秒ぶら下がって来い」 など。
③ 　負けた人は命令に従って動く。
④ 　命令されたことをし終わったら，「○○してきました」と勝った人に報告する。
⑤ 　相手を変えて，①〜④をくり返す。

成功のひけつ

・走り回るので，よい準備運動になります。
・「運動場の中」など範囲を決めましょう。

おすすめ プラスα

・教室でもできます。その時は，「肩をもめ」「思いっきり笑って見せろ」 など，走り回らずにすむ命令限定です。

🔷51
インベーダージャンケン

ズバリ！ こんなジャンケン です！	グランドにかいた道を相手に出会うまで進んでいきます。出会った相手とはジャンケンで勝負。勝てば進めます。負ければ次の人がスタート。ゴールまでたどり着けば1点ゲットです。

用意するもの　なし

すすめ方

① 　グランドにイラストのような道をかく。

② 　クラスを2チームに分ける。お互い，スタートラインに1列に並ぶ。

③ 　教師の「スタート！」の合図でゲームスタート。一番前の子が道を走っていく。

④ 　相手に出会ったら，ジャンケンする。ジャンケンに勝ったら，進める。負けたチームは，列の2番目の子がスタート。

⑤ 　出会えばジャンケン，勝てば進む，負ければ次の子がスタートをくり返す。ジャンケンに勝ち続け，相手のスタートラインを越えれば，1点ゲット。

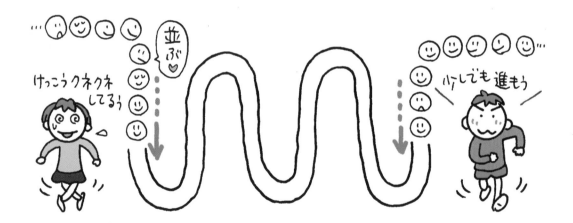

　・5分，10分と制限時間を決めて，その時間内の得点の多いチームが勝ちというルールでするとよいでしょう。

　おすすめ　プラスα

・机を並べて道をつくれば，教室でもできます。

52
サッカージャンケン

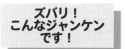

攻撃チームの子が，守備チームの子と次々ジャンケンします。フォワード（ＦＷ），ミッドフィルダー（ＭＦ），ディフェンダー（ＤＦ），ゴールキーパー（ＧＫ）と4連勝すれば，見事にゴールです。

用意するもの　なし

すすめ方

① クラスを2つに分ける。そして，先攻，後攻を決める。

② 後攻チームが，守備。相談して，ＦＷ，ＭＦ，ＤＦ，ＧＫに分かれる。ＦＷが一番多く，ＭＦ，ＤＦと人数を少なくする。もちろん，ＧＫは1人。イラストのように並ぶ。

③ 先攻チームは，攻撃。攻撃チームは，まずはＦＷとジャンケンする。勝てば，ＭＦとジャンケン。さらに勝てば，ＤＦとジャンケンする。

④ ＤＦにも勝てば，いよいよＧＫと勝負。勝てばゴールで1点ゲット。

⑤ ジャンケンに負けたら，スタートからやり直す。ＭＦやＤＦに負けても，ＧＫに負けても，スタートからやり直し。

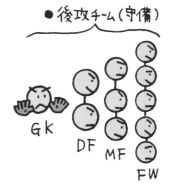
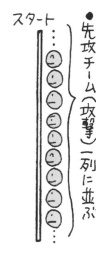

成功のひけつ
・2分間の制限時間で，何点取れるか勝負します。先攻チームの攻撃が終わったら，次は，後攻チームの攻撃です。

おすすめプラスα
・サッカー選手になりきって，ドリブルの真似をさせても面白いです。ＧＫには，シュートを打つ真似をしてからジャンケンします。
・ラグビー，バスケットなど，他のスポーツのイメージでやってもよいですね。

53 グリコジャンケン

| ズバリ！
こんなジャンケン
です！ | 先生とジャンケンします。グーで勝てば，3歩進めます。チョキかパーで勝てば，6歩です。 |

用意するもの　なし

すすめ方

① 　グランドにイラストのように線を2本引く。2本の間は50mぐらいがよい。

② 　子どもたちはスタートの線に立つ。教師はゴールの線に立つ。

③ 　教師と子どもたちでジャンケンする。

④ 　教師に勝った子どもたちは，ゴールに向かって，大股で進む。グーで勝てば，「グリコ」と言いながら3歩。チョキで勝てば，「チヨコレート」と言いながら6歩。パーで勝てば「パイナツプル」と言いながら6歩進む。

⑤ 　ジャンケンをくり返して行い，最初にゴールした子が優勝。

成功のひけつ

・教師と子どもたちの間は，50m離れています。全力の大きな声と，大きなジェスチャーでジャンケンをしましょう。

 おすすめ プラスα

・ゴールを決めないパターンもできます。10回のジャンケンで一番遠くに進めた人が優勝です。

54

殿様を守れ！

雲梯を左右に分け，陣を構えます。ジャンケンに勝って雲梯を進んでいき，最後の砦の殿様と勝負です。殿様がやられてしまったチームは負けです。

用意するもの　なし

すすめ方

① 　2チームに分かれる。雲梯を左右に分け，両チームが向かい合うようにする。

② 　チームで殿様を1人決める。殿様は雲梯の端にあぐらをかいて座る。

③ 　殿様以外の人が1人ずつ順番に雲梯を進んでいく。相手チームの人とぶつかったら，雲梯から降りてジャンケン。勝ったら進める。負けたり，雲梯から落ちてしまったりしたら，次の人が出動する。

④ 　ジャンケンに勝ち続け，雲梯を渡りきったら，最後の砦・殿様と勝負。

⑤ 　殿様がジャンケンに負けたら，落城。相手チームに降伏する。

- 戦国時代のイメージが楽しいです。子どもたちは「殿様を守れ！」と武士になりきって盛り上がります。
- ジャンケンに負けた子は「やられた〜！　殿，申し訳ござらん……」と言って倒れさせると面白いです。

おすすめ プラスα

- 平均台，タイヤなど，他の遊具でもできます。

🔵55 ジャンケンかけ足ゲーム

> **ズバリ！
> こんなジャンケン
> です！**

グランドのトラックに４つの関門をつくります。４つの関門をジャンケンでどんどん突破していくゲームです。

用意するもの　なし

すすめ方

① 教師はトラックを４つに分けて白線を引き，関門をつくる。（イラスト参照）

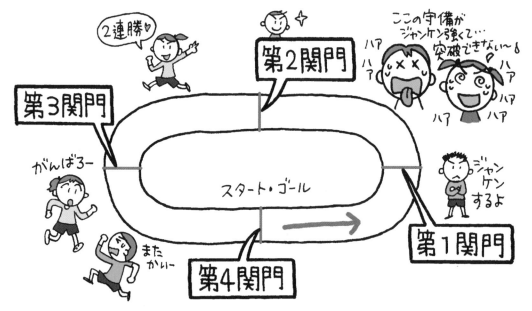

② クラスを２つのチームに分ける。まずは，先攻チームが攻撃。後攻チームは守備。４の関門に分かれて立ち，攻撃を待ち受ける。

③ 先攻チームは，スタート地点から反時計回りに走る。関門に到達したら，後攻チームとジャンケンする。勝ったら，次の関門に向けて走る。負けたら１つ前の関門まで戻って白線を踏み，もう一度次の関門に挑戦する。

④ ４つの関門を突破してスタートラインに戻ったら，１点。２周目にチャレンジする。

⑤ ５分経ったら，攻守交代。５分間でたくさん点を取ったチームが勝ち。

・体育のウォーミングアップに最適です。どんどん走って運動量豊富。どんな寒い日でも，子どもたちは汗だくです。

おすすめ プラスα

・4つの関門を突破したらゴール，2周目は走らない，というルールもオススメです。その場合は，制限時間を2分に短くして，何人ゴールできるか？　勝負します。

■著者紹介

中村健一

　1970 年山口県生まれ。現在，山口県岩国市立御庄小学校勤務。お笑い教師同盟などに所属。日本一のお笑い教師として全国的に活躍。

　主な著書に，『子どもも先生も思いっきり笑える 73 のネタ＋おまけの小ネタ 7 大放出』『健一中村の絶対すべらない授業のネタ 78』『新装版　子どもが大喜びで先生もうれしい！　学校のはじめとおわりのネタ 108』『子どもも先生も感動！　健一＆久仁裕の目からうろこの俳句の授業』『新装版　教室で家庭でめっちゃ楽しく学べる国語のネタ 63』『新装版　めっちゃ楽しく学べる算数のネタ 73』『新装版　つまらない普通の授業に子どもを無理矢理乗せてしまう方法』『新装版　ホメる！　教師の 1 日』『With コロナ時代のクラスを「つなげる」ネタ 73』『新装版　担任必携！　学級づくり作戦ノート』『表現力がぐんぐん伸びる中村健一のお笑い国語クイズ 41』『新装版　笑う！　教師の 1 日』『新装版　子どもも先生も思いっきり笑える爆笑授業の作り方 72』（以上，黎明書房），『中村健一　エピソードで語る教師力の極意』『策略　ブラック学級づくり―子どもの心を奪う！　クラス担任術―』（以上，明治図書出版）がある。その他，著書多数。

＊イラスト：山口まく

新装版　ゲームはやっぱり定番が面白い！
ジャンケンもう一工夫 BEST55 ＋α

2023 年 6 月 1 日　初版発行	著　者	中　村　健　一
	発行者	武　馬　久仁裕
	印　刷	藤原印刷株式会社
	製　本	協栄製本工業株式会社

発　行　所　　　　　　　　　株式会社　黎　明　書　房

〒 460-0002　名古屋市中区丸の内 3-6-27　EBS ビル　☎ 052-962-3045
FAX 052-951-9065　振替・00880-1-59001
〒 101-0047　東京連絡所・千代田区内神田 1-12-12　美土代ビル 6 階
☎ 03-3268-3470